비워진 것들의 무늬

김 백 시집

상상인 시인선 *095*

웅크린 어깨 위로 눈발이 쌓인다

가장 슬픈 사람들이

가장 따뜻한 눈물을 흘린다고

• 본문 페이지에서 한 연이 첫 번째 행에서 시작될 때에는 〈 표기를 합니다.
• 저자의 의도에 따라 작품의 보조 동사와 합성 명사는 띄어쓰기가 달라질 수 있습니다.

시인의 말

詩는 나의 경전이었다
산과 강, 들녘의 사유는 삶의 무늬를 새겨 주었다
여정의 그림자를 따라 시를 쓰고 엮는다

2025년 12월 초순
김 백

차례

1부 말 없는 눈빛도 언어였으므로

바람의 전능	19
원동역	20
묘박지	22
땅이 가르쳐줬다	24
말랑한 언어	26
전별	28
파도 잡기	30
자반고등어	32
고양이의 정숙 보행	34
바다, 레시피	36
어린 왕자와 크리스마스를	38
아득한 세레나데	39
그 후, 아무도	40
엇갈린 속도	41
허미트 크랩	42
검은 늪	44
마로니에 팬터마임	45
아르페지오	46

2부 누군가가 접어놓은 책갈피의 한 줄 문장

선셋, 남지나해 51
그 모든 것의 장미 52
한 줄 우리 인연을 연인이라 불렀다 54
자갈치 뱃머리 55
겨울 여행 56
당신의 7월은 어디로 쏟아지고 있는지 57
모래시계 58
애기 소똥구리의 노래 60
왼손잡이 될 때 있다 62
소매물도 63
50번 버스 종점 64
금강제화 66
송정역 67
10월에 앉아 있으면 68
그 겨울, 남이섬 69
소록도 가는 길 70
눈 내리는 날엔 72
산수유꽃 피었는데 73

3부 별들이 내려와 가난한 빈칸을 채워 주었다

섬진강 기수역에서 1	77
섬진강 기수역에서 2	79
섬진강 기수역에서 3	80
섬진강 기수역에서 4	81
섬진강 기수역에서 5	83
어탁魚拓 2	84
복날	86
한 마리 연어가 되어	88
바람의 집	89
개다리소반	90
섬진강 빈집	91
찹쌀 한 되	92
담쟁이	93
개망초	94
문어는 수족관에 없다	95
물봉선화 찻집	96
낮달 걸린 집	98
바다, 11월	99

4부 사몽四夢은 바람에 나부끼다 스쳐 가는 그림자

폭설	103
반가사유半跏思惟	104
삼소굴三笑窟 설화	106
자장암	108
잠蠶	110
얼굴 없는 돌부처	111
사자死者의 서書	112
순장殉葬	114
고분古墳	116
자장매 서序	117
묵연默緣	118
미타암 가는 길	125
문양의 기억	126
금동미륵보살반가사유상	128
사성암四聖庵	130
장경각 반구대 칠화漆畵	131
금낭화꽃 스님	132
그 환한 골목길	133
심우도尋牛圖	134

발문 _ 시와 시 사이, 고요한 무늬가 빛나는 정일근(시인·경남대 석좌교수)	137

1부

말 없는 눈빛도 언어였으므로

바람의 전능

너는
그물에 들지 않고 슬픔에 젖지 않으며 무릎 꿇지 않고 흔적조차 남기지 않는
너는
호수의 아픈 물비늘 패인 나이테 터진 옹이의 울음 갈라진 손금의 빗금

풀과 나무에 기대어
보일 듯 말 듯 춤추고 노래하는 몸짓
양이었다가 폭군이었다가

훗날
내 무덤가를 지나며
미루나무 잎새를 깨우고 달과 별의 행간을 건너가는
너는
검은 바위와 비를 품은 눈빛을 채 읽기도 전에 사라지는
착시다
문장이다

원동역*

불현듯 기차를 탔네

간이역엔 2월의 눈이 연착하듯 내리고 눈 덮인 침목은 침묵에 잠겨 있었네

창가의 여자는 구로동 봉제공장 다닌다는
동갑내기 여자는
밤새 김 서린 유리창에 해독할 수 없는 상형 문자들을 박음질하고 있었네

설국의 비밀도 방랑의 리드 레일도 아닌 호오 불면 사라져 버리는
그 난서亂書의 속내를 알 수 없으나
나는 낯선 플랫폼과 옷깃을 세우며 머플러를 날리는 여자의 정거장을 그렸네

만삭의 열차가 삼랑진 철교 지나 덜컹거리며 몸을 틀 때
유리창 속 문자들이 하얀 꽃을 피웠네

역사의 불빛이 한 꺼풀의 어둠을 벗길 때
여자는 한 꺼풀의 어둠 밖으로 사라져가고 있었네
〈

그 겨울의 꽃잎은 몇 번이나 흩날렸을까
강물 속으로 다른 계절의 꽃잎이 흘러가고 있네

다시 스무 살 밤차를 탄다면
물수제비처럼 스쳐 가는 부산행 완행열차를 탄다면
불현듯 원동역 내리고 싶네

* 경부선 삼랑진역과 물금역 사이 낙동강 매화마을 간이역.

묘박지

나는 피항선이었다

등대가 내려다보이는 판자촌에 닻을 내렸다
페디먼트 천장 뒤집힌 책갈피 속에서
삼십 촉 백열전구처럼 흔들렸다

가마우찌 바닷새가 동쪽으로 사라지면
키 작은 지붕들은 서쪽으로 기울었다

고흐의 별빛이 후렴처럼 내려앉는
남항동 외항의 밤바다는
검은 벨벳
노숙의 침실
불안한 등댓불이 몸을 훑고 지나가면
원양선들은 대마도 쪽으로 돌아누웠다

파랑주의보가 없는 날에도
테트라포드는 방파제 난간을 붙잡고 울었다

녹슨 닻줄은
59페이지 페디먼트 천장에 매달려 계절처럼 흔들렸다
〈

사모아 부둣가를 배회하던 청새치 한 마리
촉수를 벗고 있다

밤새
정박하지 못한 생애가 출렁거렸으나
항구는 끝내 함구했다

땅이 가르쳐줬다

핵교고 뭐고, 다 사는 기라
밭고랑이 쟁기 끌고 따라댕기다 보이
칠십이 훌쩍 넘었는 기라

밥숟가락 하나 덜자고
새끼 머슴살이 내몰렀제
소 등짝보다 내 등짝이 더 아팠던 기라

지게 몽디가 유일한 친구였제
사랑채 기침 소리보다 먼저 일어나
쇠죽 끓여놓고 논배미로 줄달음치곤 했제
내 몸뚱이가 소 새끼지, 뭐

글 몰라도
모 심고 김매고 타작하고 오가는 절기 제때 알고
장맛비 몰려오는 냄새꺼정
눈 감고도 아는 기라

자식들 대학 보내믄 뭐하노
서울 가가 딴 세상 사람 되고
전화 한 통 없다 아이가
〈

그래도
밭머리 고구마는 올해도 속살 채우고
들머리 들깨밭도 냄새 한번 지대로 뿜는구마

법 없어도 산다 캤제
다 땅이 가르쳐줬다 아이가
배운 놈도 모리는 법을

말랑한 언어

엄마는 내 혀를 꽃잎이라 불렀다

옹알이도 하고 뒤집기도 하면서
방긋방긋 꽃을 피웠다

괜찮아
고마워
다 이해해
TV 앞에서도 부엌에서도 분홍 꽃만 피웠다

언제부턴가 말이 말을 밀어내기 시작했다

설설泹泹 기던 말이 말에 받쳐 말한다

됐어
그만해

날을 세운 말에 말이 베었다
토막 난 말들이 비루하게 굴러다닌다

알았다
이미 내 입속엔 상처 난 말들이 돋아나

혓바닥 가시가 되고 있다는 것을

지금도 엄마는 내 혀를 꽃잎이라 부를까

전별

비에 젖은 역사의 불빛이 그날처럼 창백하다

지금 막 도착한 상행선 무궁화호 열차
헤드라이트 불빛에 분절된 걸음들이 대합실을
빠져나가고
비는 내리고

그날도 오늘처럼 비가 내렸다

우리는 구포역 대합실에서
상행선 열차를 몇 번이나 그냥 보내고
회벽에 걸린 시계추처럼 흔들리고 있었다

말 없는 눈빛도 언어였으므로

우리는
다음 열차도 그다음 열차도
다시는 오지 않기를 기다리고 있었다
주머니 속 기차표를 움켜쥔
우리의 침묵은 침목처럼 비에 젖고 있었다

플라타너스, 플라타너스 나뭇잎은

너의 캔버스에서
무성한 연애사처럼 자라고
그 여름이 두 번이나 더 지나간 뒤

나는 얼룩무늬 이마에 손을 얹고
복숭아꽃 들판을 달리는 밤차의 전별에
'통일'이라고 경례했다

그 밤의 기차가 나를 싣고 시계추처럼 흔들리고 있다

파도 잡기

바람이 잘 벼린 회칼로 바다를 뜨고 있다

종려나무 이파리 같은
파도가
파도의 등을 밀고 달려오다 스러진다

여자가
파도의 등줄을 타고 어름사니 춤을 추고 있다
물비늘 속에서 긴 머리칼이 솟구쳤다 사라진다

라인업 좋은 패들링은
파도의 가슴에
두 손을 깊게 찔러 힘껏 젓는 것

파도의 입술을 열고
파도의 혀끝으로 말려 들어가
파도의 의중을 읽어 내는 것

질주하던 보드가
여자의 다리를 물고 뒤집어진다
짠물을 마시고
눈물을 마시고

사랑은 그래야만 잡히는 것처럼

종려나무가 그림자를 지운
송정해수욕장
여자는 여전히 파도 위에 서 있다

자반고등어

그는, 한때 바다였다

턱시도의 깃을 세우고 날렵하게 물살을 가르던

그는, 파도의 폭력을 피해
숨이 닳도록
세상을 헤엄치는
부레 없는 종족

리어카는 산동네 골목길을 끌고 다녔다
골목들이 삐죽삐죽 손을 내밀면
싱싱한 슬픔 한 손씩 빈 손바닥에 얹어주었다

개밥바라기별이 뜨면
검은 액자 속에서 아내가 걸어 나와
지느러미를 활짝 펴고 날아다녔다
방안에 나뒹굴던 소주병과 약 봉투가 날아다녔다

녹슨 양철지붕에
배를 가른 붉은 살점들이 납작 엎드려 있다
소금 저린 가을볕이 비명을 지른다
〈

부릅뜬 눈을 부릅뜨고
비로소 쳐다보는
푸른 바다

꾸덕꾸덕 말라가는 간고등어 등뼈 너머
동네 아낙 서넛 두런두런 서 있었다

고양이의 정숙 보행

"안녕하세요"
엘리베이터 안으로 들어선 11층 남자는 벽을 보고
"네~" 했다 그리고 거울 속으로 들어가 버렸다

9층에서 여자아이 둘이 탔다
7층에서 중년 부부와 젊은 여자가 탔다
6층에서 유치원 남자아이가 탔다
4층에서 투덜거리던 문은 저 혼자 열렸다 닫혔다

틈과 틈 사이를 비집고 들어선 발들이 한 발짝씩 물러설 때마다
거울은 한 발짝씩 남자를 밀어냈다

'비상 통화를 원하시면 버튼을 눌러 주세요'
여자의 휴대폰에서 소거되지 않은 인트로음이 소리를 지른다

엘리베이터가 라인 사람들을 로비에 쏟아 놓자
11층 남자의 얼굴에서
붉은 빗금 두 줄이
대일밴드 밖으로 꼬리를 내밀었다
〈

어젯밤 위층에서
찢어지던 소음의 정체가 저 빗금이었나

수직으로 하강하는 사랑은 속도가 없는 거지

수습되지 않는 난상들이 열렸다 닫힌다

바다, 레시피

40계단 가는 길 맛 좋은 부대찌개 분식집 있다

냄비에다
양배추 가득 채워 놓고
바다 한 컵 한숨 한 술 집어넣고 끓여주는
알싸한 여자 볶음 머리 여자

한때는
지중해식 기와집에서
노랑부리바다새처럼 살았다는데

그러니까 잘난 주인은
마도로스파이프에 허밍을 날리며
오대양 희망봉을 눈감고도 넘나들던 자칭 백작 선장이었다네

칭기즈칸 술병을 차고
양배추 텃밭에 바람개비 무지개를 띄우는 게
퇴역 선장 일과지만

뽀글거리는 후미의 생각만으로도 한통속이었으므로
푸른 잎은 프로펠러 날개처럼 자랐다네

〈
그런데 뭍에서도 난파는 있어
양배추처럼
밑동 잘린 운명도 운명이라며 눈 질끈 감았다네

낯선 식탁에 앉아 낯선 입술을 열고 낯선 몸을 섞던
부산항 무적 소리도 출항한 지 오래인데

오늘도 볶음 머리 여자
부대찌개 냄비 속에서 보글보글 끓고 있네

어린 왕자와 크리스마스를

나는 바르한을 뚫고 사막을 건너는 몽상가
밤이면 초승달 언덕에 트럭을 세우고
흰 곰과 사자와 전갈과 바다뱀을 사냥한다
키옵스의 조준은 정확하다

밤의 사막은 따뜻하다
따뜻한 사막은 잠을 덮고 잠든다

적도의 해변은 뜨겁다
사막엔 잔잔한 파도가 일렁이고
모래 바다에 고래들의 울음소리가 떠다닌다

바다를 잃어버린 노래는 그림자로만 존재할 뿐
곡두 없는 모래밭 의식은 엄숙하다

맹그로브 숲에서 수수께끼 같은 길들이 자라고
물속 뿌리들이 고개를 내밀며 대지를 빨아들인다
보아뱀은 술주정뱅이 말은 믿지 말라고 했다

사막여우가 측백나무 트리에
일곱 송이 장미꽃과 나침반과 별빛을 달아 놓는다

캐럴이 함박눈 위에 소복소복 쌓인다

오! 오늘은 메리 크리스마스이브

아득한 세레나데

주민복지센터 문화교실
할머니 한 분 신입으로 오셨다 유모차 앞세우고
쉬엄쉬엄 내리는 장맛비처럼 오셨다
"웬 유모차"
온음표 눈들이 휘둥그레지는데
아기보다 키 큰 통기타 가방 하나 내려놓으신다
비 맞을세라 비닐 보자기까지 씌워서
궁리 끝에 선생님 턱 밑에 앉아서는
"귀가 잘 안 들려서유"
"치긴 멀 치간다"
"치매 걸려 요양병원 안 갈려구 그러는구먼유"
페르마타 음표*들이 신기한 듯 측은한 듯
'엄마가 섬 그늘에 굴 따러 가고'
아득한 바닷가 아득한 어머니
여든세 살 섬집아기
5선 보 위에서 아장거리기만 하는데

* 쉼, 눈썹 닮은 음표.

그 후, 아무도

누군가
마지막으로 문을 닫고 떠난 뒤
젖은 비린내가
녹슨 난간 밑으로 모여들었다

셔터처럼 내려진 풍경은 다시는 떠오르지 않는다

누군가는
오래전, 나의 당신이었는지도 모른다

당신은 편지를 쓰지 않았다
우편함 속에 눅눅하게 남아 있는 건
나였다

한 번도 펼쳐보지 않은
책갈피 속
당신은 여전히 머물고 있다

그날 이후
아무도 문을 두드리지 않았다

엇갈린 속도

50cc 오토바이 한 대가
빗속을 찢고 달려들었다

허공에 매달린 사내가
원 하나를 그려놓고
아스팔트에 내리꽂혔다

범퍼 조각이 튀어 오르고
시뻘건 파편이
눈동자 속으로 파고들었다

찰나가 늘어져
영원보다 길게 흔들린 순간
사내와 나 사이에
낯선 오르가슴이 고압 전류처럼 흘렀다

관절 꺾인 와이퍼가
빗줄기를 토막 내고 있었다

허미트 크랩

나는
늘 다른 이름의 집에서 산다
주민등록증에도, 이력서에도, 자기소개서에도
다른 이름의 주소를 적어 넣었다

집 없는 집에서 태어난
존재하지 않는 존재였다

이 친구, 껍데기가 좀 그래요
벌거숭이야
자격이 없어
재능도 없어
사회는 순수가 아니라 스펙으로 평가했다

말해야 했다
침묵해야 했다
내가 타자의 가면을 벗기 위해 목청을 높이면
당신들은 불온한 항거라고 했다

껍데기를 벗고 맨몸으로 살고 싶었다

순응이라는 이름

성장이라는 라벨
성공이라는 거품

나는 또 집을 찾는다
죽음이 벗어놓고 간
덜 냄새나고 덜 썩은 껍데기 한 채

그리하여 나는
나 아닌 나로 산다

검은 늪

너는
밤 베란다의 별빛을 유혹하는 연인

너의 혀끝이
내 입술을 스치면
어둠은 안개처럼 풀어진다

뱀의 관능이
폐부 깊이 파고들면
나는 한 모금의 별빛 같은 황홀에 잠긴다

너는
내 심장에 어두운 그림자를 새기고
나는 스스로
늪이 되어간다

나는
검은 숲속에서
독 품고 사는 한 마리 뱀이었다

마로니에 팬터마임

오늘도, 녀석은
마로니에 광장에서 주문을 흩뿌리고 있었다

부다가야의 안내자처럼
붉은 주문은 디 마이너의 슬프디슬픈 곡조로
유성기의 현란한 혀 놀림으로

길바닥에
검은 학생모와 책가방을 늘어놓고
오체 부자유의 사지로
가난과 불구의 가슴에는 청운의 꿈이 불타노라고

마로니에 연극무대를 빠져나온
마로니에 나뭇잎 같은 사람들이
마로니에 나뭇잎 같은 지폐를 던지고 갔다

나도 한 잎의 나뭇잎
공연장의 슬픈 나뭇잎이 다 쓸려간 뒤에도
팬터마임은 계속되고 있었다

아르페지오

중앙동 우체국 뒷골목, 폐선의 뱃속 같은 골동품상 있다

은행잎 물든 거리의 정류장에는
사람들의 그림자가 납작납작 엎드려 있다

하루 두 번씩 시계추처럼
유리문 앞을 지나는 사내는 언제나 하얀 넥타이 차림
사내가 유리문을 열고 들어선다

유리문 안 사물은 고분 속 부장품처럼 잠들어 있다

사내가 바람 뚫린 상자 앞에 서자, 여자가 잠에서 깨어나 웃는다
금박처럼 갈라진 입술과 유리잔의 금빛 웃음

그녀의 화려한 내력이 심장에 박혀 있다

세고비아 기타
"넥이 부러져서 아깝습니다"
"아무도 사 가지 않는 건데, 그냥 가져가실래요?"
〈

사내의 실직 소문이
은행잎처럼 날리고 은행잎 세 번 더 피었다 지고

사내가 먼지의 연대기를 어깨에 얹고 유리문을 들어선다

가게 안에는 여전히 아르페지오의 선율이 흐르고 있다
사내가 알람브라 궁전을 연주한다

거리에 노오랗게 팔랑거리는 허밍, 티아이엠아이알아이˙

˙ timiri: 아르페지오 주법.

2부

누군가가 접어놓은 책갈피의 한 줄 문장

선셋, 남지나해
- 푸꾸옥섬에서

여인의 저녁은 붉었다

해변의 야자수 나무들은
손바닥을 귀에 대고 사랑을 속삭였다

하 아주[*]를 부르며 하얗게 밀려오는
남지나해의 푸른 물결

남국은 붉게 물들고
여인은 파도의 무릎 위에 눕는다

수평선이 가만히 입술을 닫을 때
이방인은
산호초 물살에 부표 하나 띄워 놓는다

남지나해의 그 붉은 여인이
지금, 우리의 저녁 식탁에 마주 앉아 있다

* '하얀 여름'이라는 몽환적인 베트남 가곡.

그 모든 것의 장미

창가에 장미를 심겠소
장미는 달빛에 나부끼는
순간을 가진 장미
나는 그 순간을 사랑하겠소

날마다 시들지 않는 장미
이슬처럼 깨어나는 장미
이미 시들어버릴지도 모르는 장미

나는 그 모든 것을 사랑하겠소

아침의 눈부심
저녁의 고요
장미와 쌓이는 날들과
그 사이로 숨어드는 침묵마저
나는 사랑하겠소

고독한 향기
차가운 정열
표독한 가시
나는 그것까지 사랑하겠소
〈

와인잔에 출렁이는
그림자 속으로 흘러드는
장미의 궤적
나는 사랑하겠소

당신은 장미
나는 장미를 사랑하겠소
이미 장미를 사랑하겠소

한 줄 우리 인연을 연인이라 불렀다

생선 비늘 같은 하루가 들러붙는다

철썩이는 부두의 노을과 붉게 녹슨 폐선과
닻줄 풀린
당신은 더 이상 누구의 연인이 아니다

아무도 술잔을 부딪치지 않는다
아무도 시를 낭독하지 않는다

보헤미안, 헤픈 웃음 같은
사랑은
누군가가 접어놓은 책갈피의 한 줄 문장일 뿐

누가 한 점 빗방울을 어지럽히랴

당신은 옛 골목의 표정을 기억하지 못한다
길 건너 간이주점에선
고등어가 구워지고 있다

그러므로 아무도 당신을 읽지 않는다

자갈치 뱃머리

휘청거리는 날은
자갈치 뱃머리 간다
거긴, 언제 가도
갓 건져 올린 고등어처럼
파닥이는 삶이 있고
얽히고설킨 곰장어처럼
부대끼며 사는 사람들이 있느니

물비늘을 튕기며
시퍼렇게 날뛰던 내 푸른 날들이
고래고기 좌판 소주잔 속에서
출렁거리고 있느니

겨울 여행

풍경은 도시를 잃어버린 듯
별빛이 차갑다

우리는 흩날리는 눈발처럼 떠나야 한다

하루의 반복으로부터
용서할 수 없는 관습으로부터

수평선에
흘러 다니는 밤의 조각들을 걸어두고
군중 속에 떠다니던 이름들을 생각한다

차가운 바람이
위선에 짓눌린 어깨를 스친다

파도의 눈빛이 너를 더듬고 있다

우리는 멀리 떠난 고깃배처럼
돌아오지 않는 것들을 기다린다

우리는 어딘가를 향해 떠나고 있다

당신의 7월은 어디로 쏟아지고 있는지

날아갈 거야
버터플라이 선글라스를 끼고

늘씬한 허리에
굽 높은 샌들을 신고
출렁이는 가슴으로 달려가겠어
내 그림자가 나를 따라 뛰어오고 있어

백마 탈 거야
하얀 물갈퀴가 공기 속에서 춤추며
벌거벗은 군중 사이로 진군하겠어

한낮의 함성
구릿빛 불덩이
푸른 헛바닥

달빛 그림자가 막 흔들려

전리품처럼 뜨거웠던
사랑은
쓸쓸한 모래톱 노래로 남아

한 움큼 별이라도 쏟아지면 좋겠어

모래시계

나는 오늘도 열사의 나라로 간다

화씨 160도의 강물은
사막을 뜨겁게 적시고 있다

모래알이
하나
둘
셋
천천히
낙타 바늘구멍을 지나 떨어지고 있다

끈적이는 살결과 비 오듯 흐르는 땀줄기와 콱콱 막히는 숨결과 쿵쾅거리는 심장
한 시간째
모래알은 나를 시험하고 있다

똑
똑
똑
모래알이 심장을 두드린다
〈

시간은
유리병 속에서 흐르지만
나는 오늘도 뜨거운 사막의 모래알처럼
얼음 호수 위로
천천히, 아주 천천히 흘러가고 있다

애기 소똥구리의 노래

똥밭에 굴러도 별은 봅니다
물구나무에는 별도 거꾸로 열립니까

안타레스 별을 따라 내일로 갑니다
내일을 모르는 운명은 어제까지입니다
발자국은 불규칙한 드럼 소리를 냅니다

사막의 마른 바람 속에서 바닐라 향이 납니다
아! 향 달맞이 피는 언덕 누렁이 풀 똥 냄새

실한 새끼 낳았다고
밤낮 쓸어 주던 할머니

네발 딛고 자는 선잠도 잠일까요
플라멩코 붉은 옷자락에 싸여
고요히 눈 감는
갈채의 잠은 어떻습니까

풀 한 포기 생을 위해 앞니마저 짧게 난
슬픈 종족입니다

우리가 우리의 영토에서 굴린 것은

비둘기 눈동자가 아니라
세상 거꾸로 보는 욕망입니다

누가 그런 점을 쳤던가요
쇠똥밭에 굴러도 별은 본다고

왼손잡이 될 때 있다

배들도 우측 운항을 한다

방향타가 각도 없이 놓아졌을 때
스스로 오른쪽으로 기우는 특성이 관행화된 것이다

마주 오는 배의 항로에 따라
뱃고동 신호로
좌회전이나 우회전하기도 하지만

나도 오른손잡이다
시력도 오른쪽이 더 좋고
젓가락질도 오른손으로 한다

어떤 일의 순서나
고민 걱정 사유 철학 머리를 갸웃거리는 것도
오른쪽이다

그런데
가끔 와이프의 풍랑 앞에선
마냥 왼손잡이가 된다

소매물도

섬이 그리워 섬에 가네
그대 가슴에 떠 있는 그리운 고도孤島

매물도와 소매물도가
두 젖무덤을 바다에 띄워 놓았네

바다도 오래 철썩이면
짭조름한 눈물 같은 사랑 될까

차르르 차르르
메밀꽃 피는 밤
몽돌밭 슬픔이 파도에 쓸려가네

만나고 헤어지는 것이 어찌 사람의 인연이랴
누가 이 두 개의 섬을
견우직녀처럼 갈라놓은 것이냐

나는 오늘
그대의 바다를 항해하는
나침반 없는 배

밤바다에 내려앉는 것은 다 그리움이네

50번 버스 종점

너는 더디 오고
겨울밤은 막차보다 일찍 온다
저녁 햇살이 펼쳐놓은 할머니의 나물 보따리 속으로
가난한 하루가 둘둘 말려 들어간다

내 삶이 문득 내려버린 평산동 50번 버스 종점
도시와 도시의 임계를 넘나드는 시내버스는
지친 하루를 쿨럭쿨럭 쏟아놓고 돌아간다

언제부턴가
산벚나무 숲 아래 부나방처럼 모여든 사람들
미망에 갇힌 소도의 섬에서
생이 닳도록 생을 태우며 산다

아침저녁 부대끼며 서로를 데우는 만원 버스는 조용하다
새벽을 따라간 사람들
슬픔 한 보따리씩 안고 돌아온다

저 도시의 불빛은
이 도시의 불빛을 위무하지 못했다
〈

산동네 키 큰 전신주가 울음을 삼키며
하나둘 조등을 내걸면
인적 드문 종점의 밤은 푸르게 응결된다

생의 굽은 골목 어디쯤 돌아올
너는 더디 오고

금강제화

현관문을 나서는 순간
너의 무게를 짊어졌다

오전엔 보고서
오후엔 욕설
바닥은 늘 미끄러웠다

굽은 허리, 거리를 삼키며
소음을 씹던 하루가 뼈마디처럼 닳아 갔다

비 오는 날
젖은 구석에서 생각을 말려 보지만

어깨는 기울고
박음질은 터지고
끗발도 없는 광은 서서히 죽어 갔다

나는 안다
바닥을 오래 껴안은 것들은
그림자로만 남는다는 것을

송정역*

간이역은 뭍으로 가는 꿈을 꾸고 있다

가끔 밤을 끌고 가는 동해남부선 완행열차

차창에 걸린 얼굴들 연등처럼 흔들리고 있다

부표처럼 떠다니다 철길에 주저앉은 사랑도

짠맛 우려내면 삭지 않는 사랑일까

대합실 행려의 빈자리

산란을 꿈꾸는 물고기의 바닷속 풍경 한 폭

* 부산 송정해수욕장 역.

10월에 앉아 있으면

시리다
너무 시려서 가난한 영혼이 파랗다

어찌하랴
저 하늘에 떠가는 한 조각 그리움을

영산홍 꽃잎처럼 화들짝 피었다 져 버린
진홍의 아픔을

언젠가
단 한 번
너의 입술에 닿았던 빨간 슬픔이
석류알처럼 미어터진다

아무도 깨어 있지 않은
불면의 밤

푸른 별빛은
소리 없이 반짝이고
아름다운 달빛은 홀로 사뿐거린다

오늘 밤
무서리 속절없이 내리겠다

그 겨울, 남이섬

섬은
밤의 불빛을 유혹하고 있었다

흘러 다니는 사람들 사이로
은행잎이 잔설처럼 내려앉고 있었다

강물의 별빛처럼 떨리던 너는
내 손에
따뜻한 저녁을 얹어주었다

춘천 닭갈빗집 매캐한 연기 속에서
오래된 편지를 읽었다

불콰한 술잔 위로
익지 못한 겨울이 타고 있었다

나는
눈 내린 춘천역 플랫폼에 서서
밤차의 불빛을
오래도록 바라보고 있었다

소록도 가는 길

7월 한낮, 전라도 황톳길
뜨거웠네

고흥 가는 시외버스도
타박타박 걷는 배낭도
헉헉거렸네

순천만 짱뚱어도
갯벌이 뜨겁다고
팔딱팔딱 맨발로 뛰어다니네

녹동鹿洞은 어미 사슴
소록도小鹿島는 새끼 사슴이라네
격랑의 바다
슬픈 눈 마주 보고 떠 있네

누가 저리도 순한 사슴에게
천형의 죄를
모질게 씌웠는가

이제 소록도는 더 이상 섬 아니네
거금도로 가는 다릿발 하나가

삿대를 짚고 가네

여름날, 절뚝절뚝 걸어간 길
보리피리 소리 들리지 않았네

• 한하운 「보리피리」.

눈 내리는 날엔

기차를 타고, 그냥 기차를 타고

차창에 벌떼처럼 달려드는
하얀 나비 떼
나는 회억의 그늘 속으로
푹, 푹 빠져들고

그날도 함박눈 무진무진 내리고
기차는 대합실 시곗바늘처럼
절뚝거리고
우리는 낯선 간이역 철길에서
함박눈 손수건을 하얗게 흔들고

눈 내리는 날엔 기차를 타고
그냥 기차를 타고
눈 덮인 여인숙 붉은 난로 옆에 앉아
너의 머리칼을 말리며 편지를 쓰리

산수유꽃 피었는데

구례 산동면 산수유 마을
누군가 허물처럼 벗어 놓고 간 빈집 하나

마당가 늙은 산수유 한 그루
주인 없어도 흐드러지게 피어 있다

빗물 고인 빈 독에
낮달이 시리게 떠 있고

쇠죽불에 그을린 알감자 같은
담장 돌이
대숲 바람에 졸고 있다

봄날 긴긴 해 기울면
봉숭아 물든 손톱으로 소리 없이 긁었을
독 바닥 한숨이
봄볕에 웅웅거리고 있다

3부

별들이 내려와 가난한 빈칸을 채워 주었다

섬진강 기수역*에서 1
- 이름 없는 이름을 위하여

밤차처럼 떠난 널 기다린다

눈물의 기적도 배웅도 없이 바다로 떠나간
너는
고향을 잃어버린 슬픈 수족水族

해무가 우르르 몰려다니는 날엔
물달개비 좀부들 갈밭 게들이
장엄한 의식을 눈부시게 차려 놓곤 했는데

지리산 급류처럼 머리 풀고 떠내려간
이름 없는 이름아

겨울의 눈이 쌓이고 노을이 질 때면
서녘 해를 따라가던 철새들아
너희 이름도 이리도 가슴 저미는 이름이더냐

강은 바다가 되고 바다는 강이 되려 한다

밀물과 썰물이 몸을 섞는
이 변이 지대에선
공존이란 이름으로 이데올로기의 각 세우지 마라

〈
이 강물과
저 바다가 나란히 달리는 물의 레일은
너에겐 어떤 의미이더냐

* 기수역汽水域: 강물과 바닷물이 섞이는 곳.

섬진강 기수역에서 2
- 유년의 강

내 유년의 강은 자주 범람했다

여름날 우기의 강은 몸을 불린 구렁이처럼
소 돼지 몇 마리쯤 집어삼키고도 강둑을 잘라먹곤 했다

그런 날 나는 뒷산에 올라
바다와 불륜하듯 뒤엉키는 강물을, 넋을 잃고 바라보곤 했다

팔월의 강가엔
갈대가 붉은 꽃을 무더기무더기 피웠다
나는 강물이
어디서 와서 어디로 가는지도 모른 채 갈대처럼 자랐다
기수역에 물이 들면
내 첫사랑도 새 발자국처럼 지워져 갔다

항구의 불빛을 쫓아 눈물의 배웅도 없이 흘러간
아득한 별리

나, 이제 저문 강가에 서서
돌아오지 않는 돛배, 돌아오지 않는 사람들을 기다리며
행려의 몸을 씻으리

섬진강 기수역에서 3
- 붉은 저녁 빛 속으로

열두 살, 소를 몰던 소년의 강가에 섰다
붉은 저녁 빛 속으로
침잠하던 기억들이 흘러간다

여름이면 샛강은 붉은 갈꽃으로 물들었다
아이들은
강가에 소를 풀어놓고 맨발로 뻘밭을 누볐다
진흙을 던지고
미끄러지며 강물로 뛰어들곤 했다
모래밭에서 강 조개를 줍거나
맨손으로 짱뚱어를 잡기도 했다

소년은 늘 혼자였다
파브르의 '곤충기'를 읽거나
뭉게구름의 행방을 쫓곤 했다

개개비 소리가 갈잎을 스치며 지나간다
미루나무에 걸린 매미 울음도 그쳤다
썰물이
기억의 파편들을 쓸고 간다
강 건너 저물녘이 배를 타고 건너온다

섬진강 기수역에서 4
- 샛강에 갈꽃 피면

올해도 샛강엔 갈꽃이 피었습니다
그리고, 당신은 사금파리 같은 7월의 강물로 흘러갑니다

제 나이 예닐곱 살쯤 되었던가요
저 발가벗은 강물에서 멱 감겨 주시던 그때가요

가르마 난 들길을 따라 걸어갔습니다
나직이 불어오던 바람에 콩잎들이 뒤척이고
수숫대는 수런거리며 몸을 불리고 있었지요

한낮이 비껴간 원두막 그늘에
유자나무집 아저씨는 코를 골고 있었고요

소들은 강둑에 배를 깔고
구름을 새김질하고 있었습니다
노란 참외가 강물에 먼저 뛰어들며 첨벙거렸습니다
뻘밭에서 사탕수수 같은 갈뿌리도 캐 먹었지요
물속의 아버지는 참 따뜻했습니다
두 손바닥 위에 저를 올려놓고
뜨는 법을 가르쳐 주셨지요
세상에 가라앉지 않는 법을

〈
개개비 울음이 갈잎을 스치고 지나갑니다
놀란 게들이 제 구멍을 찾아 뿔뿔이 흩어지고
짱뚱어도 덩달아 강물로 뛰어듭니다

아버지, 이제야 알겠습니다
세상 사는 일이 다 들고 나는 때가 있다는 것을

초승달이 몸을 휘며 시위를 당겼다 놓을 때
샛강엔 배가 뜨고
사람들은 돌아온다는 것을

섬진강 기수역에서 5
- 기억의 저편

 기다리는 사람들 오지 않는다
 수평선은 궤도를 잃었다

 지리산이
 비형悲形의 상흔을 안고 떠내려와 그림자를 지우며 투신하는
 격랑의 물결 적막한 식민지

 이 변이지대에도 몸 바꾸며 뒤척이는 낮과 밤과
 소금집을 짓는 조랑潮浪의 이치와
 우주의 질서는 존재하느니

 적서遖棲의 공화국은 어디인가
 공존이란 미망은 부서진 이데올로기의 물살에 떠내려간다

 돌아오지 않는 밤배
 돌아오지 않는 사람들
 어느 뭍에서
 한 무리 슬픈 수족으로 살아가고 있는가

 이름 없는 이름들이 살을 섞다 세상 밖으로 밀려간 섬진강 기수역

어탁 魚拓 2

'어탁 떠 드립니다'

신축 상가 유리문에 붙은 화선지 광고 앞을 지날 때마다
내 몸에 비늘이 돋고 지느러미가 자랐다

물살을 가른다
물속으로 흐르는
아득한 소리, 소리들이 들린다

유년의 십 리 장은
소리로 서고
소리로 저물었다

장날이면
샛강 건너 금성전파사 스피커가
신나는 유행가를 고래고래 질러댔다

나뭇단이나 쌀 보릿자루 이고 진 장꾼들은
노랫소리에 홀린 듯
휘적휘적 안개를 젖히며
다리를 건너갔다

〈
아득한 장바닥 소리들이 들린다

어미 찾는 송아지 울음소리
방물장수 북소리
대장간 아저씨 풀무 소리
장바닥을 쓸고 다니던 아버지의 새끼 돼지 울음소리
그리고 저물녘 주막집 선짓국에 내려앉던
뉘엿한 햇살과
뉘엿한 아버지의 눈길

나는 지금
토닥토닥 키보드를 두드리며
물살에 파닥거리던 나를 탁본 뜨고 있다

복날

마당귀 뙤약볕에 솥단지 걸어 놓고 옻닭 달인다

날만 새면 밥 먹듯 오가던 마실길인데도
백일몽 꿈속인 듯
상여꾼 소리길인 듯 헤매고 다니시다

그래도 큰아들 집이라고
육 남매 등쌀에 떠밀려 오신
일흔셋 어머니

어디 시설 좋은 요양병원 모시는 것도
효도라고
날 잡아 요양병원 모셔놓고 돌아서 나오는데
후들거리는 다리가 도둑처럼 기어 나오는데

"개안타 개안타 나는 개안타"
낯선 사람들 등 뒤에서
스르르 주저앉는 그 환한 그늘이
브레이크 밟은 발에 자꾸만 밟혀서
핸들에 묻은 고개를 흔들다가 흔들다가

냅다 병원문 열어젖히고는

"그냥 제가 모실랍니다"
애먼 사무장한테 화를 내고 말았다

통실한 다리 한쪽 쭈욱 찢어 놓고는
"많이 잡숫고 기운 차리세요"
"애비도 좀 무 바라"
고기 맛도 입맛도 잊어버린 입술을 달싹거리며
하얀 닭가슴살 한 토막 내어주시는데
당신 마른 가슴 다 내어주시는데

그 퍽퍽한 가슴살이
옻 국물보다 뜨겁게 울컥울컥 치밀어 올랐다

한 마리 연어가 되어

가자, 복사꽃 피는 강마을 그곳

가다가 해 저물면
어스름 강 그늘에 팔베개로 누웠다가
멀리서 밤 뻐꾸기, 어미 찾는 소리 들리면
푸른 달빛 업고 가자

길은 강물 속으로 열린다
모색暮色의 그림자 흘러간다
오! 강물 속 한 줄기 어머니의 환한 젖 냄새

밤별도
머리 낮게 뉘어야만 보이는 것
세상에는
여름밤 어머니 무릎처럼
편히 누울 곳 없었느니

칠성별도
격랑의 바다는 점지하진 못했느니

그래도 살면서
함부로 꿇지 않은
함부로 꿇지 않던 그 무릎 앞세우고

가자, 복사꽃 피는 강마을 그곳

바람의 집

한때, 나는
자갈치 좌판 앞에 앉아 고래울음을 삼키던
폐선이었다

빈속을 달구던 소주는 붉은 녹물이었다

어린 두 딸과 아내는 내가 바람 앞에 서야 했던 이유
였다

영도다리 만원 버스를 타고
중앙동 신문사로 출근했다
도시락은 늘 바닷바람에 젖어 있었다
원고지 빈칸 같은
시내버스 유리창엔
내 얼굴이 활자처럼 찍혔다 지워졌다
지워진 활자에서 석유 냄새가 났다

집으로 가는 골목길은 늘
흘러나오는 불빛처럼 쓸쓸했다

밤이 깊으면
별들이 내려와 가난한 빈칸을 채워 주었다

개다리소반

시골집 바람벽에 낡은 개다리소반 하나 걸려 있다

해묵은 먼지 툭툭 털고 물티슈로 닦았다
서서히 부요扶搖하는 사랑방 아버지의 기침 소리

아버지의 사랑방은 시도 때도 없이 북적거렸다
동네 이장도 면서기 김 주사도 재 넘어 한 씨 아저씨도

개다리소반 덩달아
허리춤 동여매고
고욤나무 그늘 지나 사랑방 드나들곤 했는데

벚꽃 환한 봄날
개다리소반 제상 차려 이고 둥실둥실 소풍 가듯
아버지 상여 따라
저수지 둑길 돌아간 지 20년도 지났는데

섬진강 빈집

섬진강 하구에는
스무 해 넘도록
달맞이하는 빈집 하나 있습니다

그래도 한동안은
아버지의 안부들이
다문다문 찾아와 기웃거리기도 했습니다

저녁이면
빨리 와서 저녁 먹어라
아이들 부르던
그 푸른 연기가
처마 끝에 걸리고

샘가에서 물동이 이고 가던
아낙들 웃음소리가
살랑살랑 삽짝 앞을 지나가곤 했는데

달빛 내린 마당에
긴 그림자 하나 서성거립니다

찹쌀 한 되

올해도 빈 마당엔 접동백 피었네요

녹슨 철대문에 문패 대신 걸린 '국가유공자의 집'
그게 무슨 대수라고

동네 아파트 난전에다 쌀이며 콩이며 싸전 펼쳐 놓고
뉘엿뉘엿 홀로 저물던 이웃 할머니

넌출 넌출 기웃대는 덩굴장미가
선바람이 들추다 간 목련 치마가
참 곱네
혼잣말도 눈길처럼 마주치곤 했는데

"이거밖엔 주고 갈 게 없소"
딸네 집 가까운 요양병원 가신다며
담 넘어 건네준 검정 비닐 한 봉지

얼마나 더 사셨는지

올해도 빈 마당엔 접동백 참 곱게 피었네요

담쟁이

가을의 슬픈 행렬을 봅니다

오직 사는 길은 저 너머 있다고

가솔들 앞세우고
가난을 움켜쥐고
마냥
앞만 보고 오르기만 하던

시퍼렇던 저 아우성

능선을 넘지 못한 상여꾼의 소리처럼

블록담장 벽에 말라붙었습니다

개망초

나도 명색이 꽃이랍니다
꽃이 되었으나
그 흔한 꽃 중에서
하필이면 개망초라니요
손사래는 치진 마세요
낯선 길가 아무렇게나 밟히다가
그래도 때 되면
어머니 무명수건 같은
희디흰 꽃 피울 줄 안답니다
나도 꽃이라고
누가 땅 한 뙈기 떼어 준 적 있나요
여름날 실실 웃기만 하는
속조차 없는 꽃 아니랍니다

문어는 수족관에 없다

횟집 수족관 유리 벽에 문어 한 마리 어둠처럼 붙어 있다 물결도 파도도 없는 수조, 문어는 발끝을 휘감아 제 몸을 옭아매고 있다 열린 눈들이 나를 훑어본다 흡착은 벽이 아니라 마지막 흔적을 움켜쥐는 것 살빛이 젖은 그림자를 닮았다

저것은 면벽이다

문어의 숨결은 벽 안에서 흔들리고 나의 침묵은 벽 밖에서 흔들린다 벽의 또 다른 이름이 업의 무게로 투명한 자리에 번식한다 초승달보다 푸른 기억이 깊다 기억은 술꾼들의 음모 속으로 출렁출렁 떠내려가고 있다 부재의 벽에 내가 붙어 있다

나도 면벽 중이다

물봉선화 찻집

미타암 가는 길
물봉선화 찻집 있네

산이 그리운 건지 물이 그리운 건지
가슴에 뜨거운 불火 품고 사는 여자

처마 끝에
청화산방이란 찻집 이름
풍경처럼 걸어 놓았지만

입가에 번지는 물빛 미소가
여름날 물봉선화 피던 빨래터
그리운 누이 같아서

나는 물봉선화 찻집이라 부르고 싶네

어쩌다 산사 내려오던 마음이
먼저 알고 들어서면
옥양목 흰 치마 먹물 번지듯
그렁그렁 물봉선화 피어나네

소쩍새 울음 같은

물봉선화 피어나네

물봉선화 하염없이
하염없이 피고 진다 해도

그늘에 가린 그 슬픔 건드리지 않겠네
홍자색 꽃바람에 가슴 저미던
첫사랑 기억도 건드리지 않겠네

낮달 걸린 집

미타암 가는 길
낮달 걸린 오두막집 있습니다

비와 바람과 구름에 그을린
돌담 아래
법당에 엎드린 보살 같은 오두막집

늘 비어 있어 빈집인 듯
사립짝 키 큰 감나무 홀로
집을 지킵니다

마당에 팔랑이는 햇살이 하도 좋아
지나가던 꽃바람이
길손처럼 들어서면
수선화 수줍어서 장독 뒤에 숨고

오늘도 무심한 주인은
수채화 마음 한 폭 널어두고
출가 중입니다

바다, 11월

넌 알고 있겠지

만선을 꿈꾸던
할로겐 집어등의 유혹을

부둣가의 붉은 미소와
늦은 밤 젖은 발걸음 소리를

시퍼렇게 퍼덕이는
詩 한 줄 건지지 못한
바스락거림을

4부

사몽四夢은 바람에 나부끼다 스쳐 가는 그림자

폭설

너의 뜨거운 심장 소릴 들으려고
순백의 영혼으로
구도求道의 길을 내어서

동안거冬安居에 들었다가

주체할 수 없는 비의의 무게로
무너져 내리는 거다

툭, 생生가지 하나 부러지는 거다

반가사유 半跏思惟

사전은 말한다 생물의 생명이 다하면 그것을 죽음이라고
그러나 나의 문법은 죽음 앞에서 삶의 영원을 사유한다
삶이 곧 죽음이며 죽음 또한 삶이기 때문이다

지구는 생의 영원을 굴리며 식어 간다
삶과 죽음은
굴레를 쓴 한 켤레의 신발
속을 드러내지 않는 목마
사색을 모르는 나무토막
평생을 따라다니는 그림자 혹은 나쁜 선자 善者

내 영혼은
두 개의 생을 지닌
야누스의 숙명을 지녔음이니

느리게 흘러가는 조각구름과
잔바람에 흔들리는 나뭇가지와
채 마르지 않은 새벽이슬처럼
지금의 이 풍경은 다음 페이지에도 그려질 것이니
삶과 죽음
무경의 존재를
나는 내 생의 데자뷔라 하겠다

〈
오른발이 왼발 위에서 사유하고
왼발이 오른발에 기대 선잠에 들 때
반가의 사유는
어제와 오늘
너와 나를 가르지 않음에 있음이니

생과 사가 분리되지 않은 거리에서
렌즈를 갈고 닦으며
함부로 생의 이치를 들여다보려 했던
스피노자여
지금쯤, 그대의 세상에도 꿀 같은 사과는 열렸는가
지구의 한 모서리에
가부좌 틀고 앉아 있는 내 반가의 사유는

삼소굴三笑窟 설화

길은 없는데 어찌 왔는고

마음이 앞장서서 극락교 허공을 건너왔습니다

벚꽃이 졌는데 무엇이 보이던고

연잎 새살 돋는 영지 못에 영축산이 색에 잠겨 있었습니다

꽃살문에 어른거리던 경봉 스님 말씀이
맨발로 걸어 나오신다

소는 밖에 있는 것이 아니라 마음에 있는 것이거늘 나는 바깥 것에서 찾으려 평생을 헤매었느니, 여여문에 뜨는 달이 더없이 고요하구나'

삿㑌이란
신어도 맨발 벗어도 맨발
모랫바닥에 혀 내밀고 뒤집힌 조개 같아서
나는, 삼소굴 섬돌 밑에 서서 갯벌에 엎어진 빈 배가 되었다
〈

어디 걸랑 하나 걸친 바랑 중이 길바닥마다 탐진치$_{貪瞋痴}$ 다 벗어 던졌노라 소리친다고
방하착이라 하겠는가

여여문에 뜬 달이 홍교 끝에 걸렸는데 개구리 울음소리가 현을 켜듯 요란하다

산문을 나서다 불현듯 뒤돌아보는데
달빛 푸른 삼소굴 추석$_{甃石}$ 그늘에
앳된 동자 하나가
먹장삼 소맷자락에 얼굴을 묻고 합장하고 서 있었다

* 경봉 스님 말씀 중에서.

자장암
- 통도사

머리 숙여 들어간 자궁 속 절간엔
중은 어디 가고
쇠북소리 저 홀로 회랑을 돌고 있다

업장도 간절하면 씻겨 가는가
선탈 한 듯
자장동천 물 맑아 티끌 한 점 보이지 않는다

수태 낀 저 바위도 정 맞고 불佛로 섰는데

아! 나는
후려치는 비雨를
후려치게 맞고도
야차夜叉도 돌아앉는 헛것들 속에서 바로 설 수 없구나
가는 것이냐
오는 것이냐
내 안의 절간엔 옛 중도 없고 지금 중도 없다

자장암 돌 속에 들어 세세생생 하였구나
거북이도 코끼리도 안거에 들었구나

법당에 깃을 튼 어둠이 황촛불 밝혀 놓고

춤춘다
춤을 춘다
밤을 새운다 아미타불 아미타불 관세음보살

잠睡

몸속 푸른 그림자를 풀어냅니다
기억의 무늬들이
한 올의 업으로 길게 뽑혀 나옵니다

허공에다
목련꽃 지던 집 한 채 짓습니다
가부좌 틀고 동안거에 듭니다

생이
단 한 번 깜박거린 잠이라면
사몽四夢은
바람에 나부끼다 스쳐 가는 그림자입니까

벗어놓은 잠睡의 껍질들이
부처님 발아래 흩어집니다

그 또한 해탈입니까

얼굴 없는 돌부처
- 경주박물관에서

마음의 눈 닦고 보면
눈길 닿은 곳 다 부처라 했습니다
색불이공 공즉시색
아무리 둘러봐도 어디에도 없습니다
눈 있다고 무얼 보며
귀 있다고 무얼 들으리
차라리 입조차 아니 있어 가슴에만 둡니다
석등에 타오르던 사념邪念 꺼진 지 오래입니다
이승의 업 몇천 만근 되옵길래
가부좌 튼 돌이 되어
천년 세월 돌아앉아 계십니까
눈 한 번 깜박이면 새순 돋고 낙엽 집니다
기왓장에 맺힌 물빛 눈동자
그 세월 툭 털고 일어서면
한 점 바람이고 구름입니다
나도, 허욕의 목을 잘라
저 목 없는 부처에게 보시하여
오늘만은 비로자나 등신불입니다

사자死者의 서書

그는, 죽음으로 핀 꽃
햇살 같은 리넨에 쌓여 2천5백 년의 잠에서 깬 검은 꽃

그의 손에는 여전히
신의 사자들이 새겨 준 자작나무 두루마리 기도문이 들려 있다

그는 말이 없다
사람들은 경배하듯 엎드려 신의 세상을 해독하려 한다

그가 황금 마차의 방울을 울리며 성채를 떠났던 날처럼
그들은 절을 올리고
하늘의 귀를 두드린다
문은 열리지 않았다
입안에 맴돌던 주문은 뜨거운 모랫바닥에 스러졌고
욕망은 검은 독수리처럼 사막의 허공을 맴돌았다

그의 침묵은 돌무덤의 그늘이 되었고
뼈와 뼈 사이를 지나던 숨결은 고요 속에 묻혔다

그리하여 말하라
아직도 그의 궁전엔 꽃의 향기가 피어 있고

새들은 황금 기둥에 앉아 그를 찬양하고 있다
신하들은 충성을 잊지 않았으며
그의 이름을 군주의 자리에 있다

그리하여 역사는 기록하라
그는 공정의 통치자였노라
저울 위에 올려질 심장은 깃털보다 가볍고 침묵보다 맑은 것이니

오시리스 신이여
그를 지나가게 하소서
그가 열었던 문
그가 덮은 시간
그가 남긴 숨결 모두를 데리고
그를 영원의 동쪽으로 들이소서
영광과 위엄이 흐르던 파라오의 시간 속으로

순장 殉葬
- 지산동 44호분

조각난 뼈들이 조각난 꿈처럼 흩어져 있다

꺼문거리 어둠이 한 꺼풀씩 벗겨질 때
그대는 한 꺼풀씩 잠을 벗고 일어난다

왕의 무사와 궁녀와 요리사와 어린아이가 누워 있다
갑옷과 무기와 생선 뼈와 옷감이 널려 있다
죽음 속에서도 생과 사는 복기한다

슬픔의 퍼즐을 맞춘다
심장을 잃은 뼈들이 뼈를 잃은 뼈들을 따라
겹겹 먼지를 털고 일어난다

빗살무늬 그대는 미완으로 완성된다
죽음이 말라붙은 동공 속에
적막이 고여 있다
불현듯 떠밀린 삶과 죽음은
여름밤 물병자리 같은 순명이었나

춤추는 사자의 거친 숨소리가 들린다 무릎에 얼굴을 묻은 아내와 아이의 울음이 들린다 팔주령을 흔들며 미리내 물가에서 천렵하던 사람들이 돌아온다

팽팽한 시위를 노려보던 사슴의 슬픈 눈빛이 어른거린다
　누군가 흙구덩이 속으로 던져주던 흰밥 한 그릇, 질그릇 소리가 깨진다

　천육백 년 전설이
　유리벽 한 장 사이 갇혀 있다

　어느새 그대가
　나의 몸을 입고
　유리벽 밖에서 나를 들여다보고 있다

고분古墳

밤이면
무덤들은
관모冠帽의 구슬처럼 반짝거린다

무량한 겁劫의 세월
해와 달과 별이 떴다 지고

바람은 부재의 영혼을 흔들며
전장의 발굽처럼 서성거린다

대지를 울리던
어느 군주의 성역인가

봉분은 하늘을 붙잡을 듯
초록의 등을 딛고

불사조의
권세처럼 높이높이 솟아올랐다

자장매 서序

저 붉은 노스님 선에 드셨나

봄날 경전 한 권 활짝 피우셨네

순례길 뭇 바람이

장 넘기며 읽고 가는

오! 장엄한 야단법석野壇法席

어디 피고 지는 것이

부연附椽에 걸린 덧없는 무상이라면

나도 내가 질 때쯤이래야

저 말씀 읽을 수 있겠다

묵연默緣
- 비워진 것들의 무늬

잠蠶

빈집에서
소나기 쏟아지는 소리가 난다

쏴아~
게송 한 잎 반야 한 잎
갉아 먹는 소리들이 푸르다

우화를 위해
고요를 젓는 꼿꼿한 자세는

업처럼 질긴 실올 뽑아
생애 단 한 채 집을 짓는 일

사몽四夢의 잠 속에서 몸을 접고
면벽 좌선하는 것이다

모든 것은 다 지나고 나면 공空일 뿐

날개를 얻었으나 날지 않는
저 무심한 좌화坐化

〈
다 비우고 나서야 남기고 가는
빈 절집 한 채

견蠒

갉아 먹던 잎맥에서 실을 뽑아
나를 덮는다

허공에 지은 집은
내 안에서 자란 나의 흔적

염화미소 한 줄 강물에 흘러간다

벽 하나 세우는 데
삼천 겁의 침묵이 필요했다

등燈

나의 지혜는 바람에 흔들린다

〈
장경각 처마 끝에 걸린
불빛 하나가
온 암자를 밝혔다

번뇌 위에 먼지처럼
쌓이고 쌓인 시간

꺼질 듯, 다시 살아나는
입정入靜의 기도

이 불을 끄는 자는 누구인가

이 불을 지키는 자는 누구인가

우牛

날개를 얻었다

벗어나려면 단 한 번 퍼덕이면 되는 일
〈

그러나
나는 허공을 접는다

날아오르지 않고

떠오르지 않고
그저 앉아 있을 뿐

무소의 뿔처럼 깃을 털고 있다

회灰

깃털에 불이 닿았다

타오르지 않는 불 말하지 않는 불

나는 불타고 사라졌다

재는 흩어지지 않았다

고요는 고요했다

〈
누가 나를 태웠는가

누가 이곳에 남았는가

남은 것은

색도 아니고 형상도 아닌

사리도 없이 사라진

나의 고요

각殼

옛집에 들렀다
내가 나를 두고 떠난 자리는
비어 그대로인데

짙은 향냄새가 고여 있다
조아리는 묵언은 벽에 남아

고치처럼 투명해진 문
나는 여기에 있고
나는 여기에 없다

남기고 가는 건
빈 껍질 하나

몽夢

1
물속에서 어머니의 등을 밀었다
그 등 위에 등불 하나 켜져 있었다

2
내 입에서 실이 흘러나왔고
입을 다물 수 없었다

3
길 없는 길 위에 고치가 흘렀고
그 안에서 내가 나를 삼키고 있었다
〈

4
날개가 돋았으나 날지 않았다
사몽(四夢)이 지나고
눈을 떴을 때
나무 위에 빈 집 한 채
나의 후생이었다

미타암* 가는 길

오색 연등마다
초파일 지난 번뇌가 주렁주렁 걸려 있다

미타암 돌계단은 첩첩 쌓인
부처님 경전

삼배, 또 삼배
머리 조아리고
몸 낮춰 허리 굽혀야만 들리는
부처님 말씀

아미타브하, 아미타브하
거적 수의囚衣 걸친 목어 한 마리
젖은 땀 훔쳐 가며
가파른 돌계단 길 오른다

---

* 원효대사가 양산 천성산에 세운 암자.

문양의 기억
- 통도사 보장각

한때, 비를 기억했다
나무들은 빗방울이 몸을 타고 흘러내릴 때
그건 기도였다

가지 끝에 앉은 새는 바람을 부화했고
풀벌레의 울음은 잎맥마다 몸짓을 새겼다
아이들은 지저귀는 어둠 속으로 파문처럼 날아갔다

겨울밤
옹이는 몸을 접고
뿌리는 달빛에 부서진 서리꽃을 품었다

아무것도 흔들리지 않는다
갇힌 시간은 틈새를 따라 흘러가고
격자무늬 그늘에 바람은 똬리를 틀고 잠든다
멀리, 흩어진 울음이 파닥거린다

오! 무늿결이 저토록 투명하고도 아름다운 것은
장경바다에 산골散骨 되었다가
염불에 귀가 열려 잎을 틔우고 뿌리를 내린 까닭이다

딱따구리가 목탁 치듯

한 생을 두드리던 바람이 손끝을 적신다
지금, 나는 보장각 마룻바닥에 서서
나무들의 사리를 더듬고 있다

금동미륵보살반가사유상*

저 푸른 자세는
천만 겁의 업이다

고요히 감은 눈을 뜨고 본 것은
나인가
부처인가

허공 깊은 곳
연꽃 한 송이 고요히 숨 쉬고 있다

윤회는 없다
윤회는 있다
있음과 없음은 같고, 같지 않다

내가 그의 생각 속으로 들어가자
그가 내 생각 속으로 들어왔다

검지 끝에 걸린
연기緣起의 조각배 하나
무심한 강물에 띄우리

지금, 내 안에 앉아 미소 짓는 이는

나일까, 부처일까
사유의 강물에 조각배 한 척 떠간다

나는 여전히
저 푸른 생각을 읽지 못한다

* 국보 제83호, 중앙박물관.

사성암四聖庵*

누가 부처님 눈썹 밑에다
저리도 아슬한
제비집을 지어 놓았나

간절하면 업장도 소멸하는가

무욕은
청태 낀 시공에
풍경처럼 걸려 있는데

죽고 사는 생의 업도
아득한 절벽에선 다 부질없는 것

가을 새 날아드는 오산 마루에
부처님 미소가
단풍처럼 물들고 있네

* 전남 구례 오산鰲山에 있는 암자.

장경각 반구대 칠화漆畵

장경각 연못에
선사의 전설이 물결치고 있다
목탁 소리가 바람에 스치면 잠자던 전설이 죽비 맞은 듯 깨어난다

고래가 파닥거리며 헤엄친다 사슴의 눈동자가 별빛처럼 반짝인다 돌 속에 묻혀 있던 사내들이 작살을 움켜쥐고 일어선다 원시의 사냥터엔 고래와 사슴이 초서의 획처럼 미끄러진다 사냥꾼의 노랫소리가 물살에 떠오른다 꽃잎은 먹물처럼 번진다 선화의 파편들이 솟구친다 16만 대장경의 불계가 물결친다

연꽃은 어디에 피었는가 흔들리는 물결에 나는 비워지고 있다

스님의 붓끝에서 피어난 반구대 칠화 한 폭
그것이 곧 본래면목이다

금낭화꽃 스님

화엄華嚴의 언덕에
봄이면
금낭화 심는
꽃 스님 계신다

달과 별 사운 거리는
서운암 연못가

찬연燦然히 피어나는
염불 소리

꽃 스님 홀로 걷고 계신다

그 환한 골목길

밤늦은 골목길, 환하다
그림자가 그림자를 끌고 간다
등 굽은 하루를 끌고 간다

감나무 가지에 서녘 달 꿰여 있다
가로등 불빛에
TV 유선줄이 반짝인다

어디론가 배송되는 소야곡

어머니를 기다리던
골목에는
빨간 우체통과 은빛 자전거가 있었다

이층집 소녀의 환한 창문이
늘 환하게 닫혀 있었다

심우도 尋牛圖

나는
어둑한 밭고랑의 그림자로 움텄다

봄이면 등줄기에 이랑이 그어지고
여름엔 땀방울이 별처럼 박혔다

강둑에 서면
고삐 문 사슬 바람이
검은 혀로
발굽에 묻은 여정의 그림자를 핥았다

나는 알고 있다
잠든 별들을 몰고 다니던 시절도 있었지만
그것이 묵묵한 바람의 언어였음을

흩날리는 눈발 속에서
세상은 내 그림자를 밟고 스쳐 갔다

흐르는 것들은 저마다 돌아가고
저녁 들판, 낡은 뿔에 걸린 달빛뿐

이제

강 저편 안개 속 길이 열리면
무딘 발굽으로 물을 건너려 한다

❈발문

시와 시 사이, 고요한 무늬가 빛나는

정일근(시인·경남대 석좌교수)

기:

김백 시인은 저널리스트 출신입니다. 짧은 시간이었지만 우리는 같은 신문사 편집국, 가까운 거리에 각자의 책상을 두고 근무한 적이 있었습니다. 시인은 지역 뉴스들을 취합하는 제2사회부에서, 언론 후배가 되는 저는 문화부에서 근무했는데 조용조용한 성품의 시인은 촌각을 다투는 20세기의 크고 작은 사건 사고 속에서 늘 평온하게 '육하원칙'에 의해 뉴스를 분류하고 정리하는 모습을 보여주었습니다.

노트북을 두들기며 빠르게 기사를 쓰는 요즘이 아닌, 기사 전용 원고지에 볼펜으로 기사를 적던, 과거 수공업 형태의 '종이 밥'을 먹어본 사람은 압니다. 조용한 대응이 가장 신속하고 정확한 방법론이라는 것을요. 신문에 있어 마감은 '데드라인Deadline'입니다. Dead가 '죽은 상태'를 말하는 명사이듯, 그 선을 넘으면 그날의 신문은 죽은 신문입니다. 그래서 그 시간에 모두 긴장하는데 김백 시인은 서둘지도 늦지도 않는 자신의 속도를 유지했었습니다. 기사를 쓰던 그 컬러가 그의 시에도 고스란히 반영되고 있습니다.

시인이 시단에 나온 것은 다소 늦은 출발이었습니다. 시의 길은 신문사를 은퇴하고 양산 평산에 정착하면서지만, 그사이 시인은 어느새 시력詩歷 20년을 넘기고 있습니다. 문단에서는 20년 넘기면 중진重鎭으로 진입하는 시기입니다. 중진이란 군사적 용어로 보면 '병권을 잡고 군사적 요충지를 지키는 사람'이고, 어떤 집단이나 분야에서는 '영향력을 가진 중용한 인물'에게 주는 이름값입니다.

시인의 두 번째 시집이 되는 이번 시집 원고를 읽어보고 나서 제가 느낀 감정 또한 마찬가지였습니다. 시인은 대상을 보는 데 있어 절대로 서둘지 않습니다. 늘 조용한 시인의 얼굴 옆모습이 내게 남았듯이, 시집 속의 단정한 시편들이 읽는 사람들을 편안하게 만들어 줍니다. 그 편안함이 시인의 시에 대해 신뢰하게 합니다. 그것이 독자들에게 김백 시인의 시를 편안하게 마주하며 소통의 공간을 만들어 줍니다.

시인의 '필모그라피'를 압축한 듯한, 이 시집의 문을 여는 첫 시를 같이 읽어보겠습니다.

    너는

그물에 들지 않고 슬픔에 젖지 않으며 무릎 꿇지 않고 흔적조차 남기지 않는

　　너는

　　호수의 아픈 물비늘 패인 나이테 터진 옹이의 울음 갈라진 손금의 빗금

　　풀과 나무에 기대어

　　보일 듯 말 듯 춤추고 노래하는 몸짓

　　양이었다가 폭군이었다가

　　훗날

　　내 무덤가를 지나며

　　미루나무 잎새를 깨우고 달과 별의 행간을 건너가는

　　너는

　　검은 바위와 비를 품은 눈빛을 채 읽기도 전에 사라지는

　　착시다

　　문장이다

　　　　　　　　　　　　　　　- 「바람의 전능」 전문

　　바람은 동動적인 대상입니다. 시인도 바람을 '폭군'으로 보고 있습니다. 여기서 시인이 바람을 폭군으로 보면서 '양羊'으로도 보고 있습니다. '양/폭군'은 반대 개념으로 봐도

무방합니다. 우리가 생각해 봐야 할 것은 시인은 바람을 폭군으로 보기 전에 이미 양으로 보았다는 점입니다. 바람의 시작이 폭군 이전에 한 마리 양이었기에 시인은 폭군 같은 바람 앞에서도 흔들리지 않고 자신의 언어로 정석의 돌을 놓습니다.

바람은 양이기에 "그물에 들지 않"고, "슬픔에 젖지 않"고, "무릎 꿇지 않"고, "흔적조차 남기지 않"는 존재입니다. 또한 폭군이기에 "호수의 아픈 물비늘"이고, "패인 나이테"이며, "터진 옹이의 울음"이고 "갈라진 손금의 빗금"입니다. 상반된 이 두 개의 시선 앞에서 바람은 "미루나무 잎새를 깨우고 달과 별의 행간을 건너가는" 데, 시인은 시를 여는 비밀을 보고 맙니다. "검은 바위와 비를 품은 눈빛"을 봅니다.

시인이 사유 깊은 관찰자가 아니라, 부는 바람 따라 바람 부는 대로 휩쓸렸다면 결코 보지 못할 높은 은유를 보여주고 있습니다. 그렇게 바람과 눈을 맞추었기에, 바람의 눈빛은 "읽기도 전에 사라지는/착시"고, "문장이다"라고 말할 수 있는 것입니다. 시인이 시집을 낼 때 의례 제일 처음에 놓는 시를 '서시'라고 합니다. 시인의 시 「바람의 전능」은 그의 서시라고 볼 수 있을 것입니다.

승:

기자는 예리한, 책임감 있는 관찰자입니다. 좁게는 독자를 생각하는, 넓게는 역사를 생각하는 관찰자입니다. 그리고 기록합니다. 시인도 사물이나 현상에 대한 관찰자입니다. 시인이 보지 못하는 곳에 시가 존재할 수 없습니다. 다만 자신의 공화국에서 시인은 상상이란 무기로 보이지 않는 곳을 다 보고, 들리지 않는 소리를 다 듣는 '전지전능'한 존재입니다. 이 두 직업의 차이는, 기자는 주관적이고 시인은 객관적이란 것입니다. 시인이 객관적이기에 시의 개성이 중요한 지분을 차지하고 있습니다.

다음 같이 읽어 볼 시는 시인이 사는 마을인 평산의 일상 스케치며, 50번 시내버스를 통해 외곽 도시의 쓸쓸함을 한 장의 흑백사진처럼 담아내고 있습니다.

  너는 더디 오고

  겨울밤은 막차보다 일찍 온다

  저녁 햇살이 펼쳐놓은 할머니의 나물 보따리 속으로

  가난한 하루가 둘둘 말려 들어간다

  내 삶이 문득 내려버린 평산동 50번 버스 종점

  도시와 도시의 임계를 넘나드는 시내버스는

  지친 하루를 쿨럭쿨럭 쏟아놓고 돌아간다

〈

언제부턴가

산벚나무 숲 아래 부나방처럼 모여든 사람들

미망에 갇힌 소도의 섬에서

생이 닳도록 생을 태우며 산다

아침저녁 부대끼며 서로를 데우는 만원 버스는 조용하다

새벽을 따라간 사람들

슬픔 한 보따리씩 안고 돌아온다

저 도시의 불빛은

이 도시의 불빛을 위무하지 못했다

산동네 키 큰 전신주가 울음을 삼키며

하나둘 조등을 내걸면

인적 드문 종점의 밤은 푸르게 응결된다

생의 굽은 골목 어디쯤 돌아올

너는 더디 오고

                         - 「50번 버스 종점」 전문

시인은 50번 버스를 기다리며 "너는 더디 오고/겨울밤은 막차보다 일찍 온다"는 화두를 먼저 툭!, 하고 던집니다. 제시간에 오지 않는 버스와 일찍 찾아오는 겨울밤의 대비가 절묘합니다. 더디 오고/일찍 온다는 비교가 시인의 한 수입니다. 짜증과 추위 속에서 시인은 버스 종점에서 나물보따리를 펼쳐놓은 한 할머니의 "가난한 하루가 둘둘 말려 들어"가는 것을 보고 생각이 깊어집니다.

그리고 탄식합니다. "저 도시의 불빛은/이 도시의 불빛을 위무하지 못했다"고. 불빛은 희망의 이정표를 상징할 수 있겠지만 그 아래에는 불빛을 보고 몰려든 '부나방처럼 모여든 사람들'이, "생이 닳도록 생을 태우며" 살고 있습니다. 시인도 그 불빛에 눈멀어, 버스에서 내리고 보니 "평산동"이었다고, 50번 버스 종점이었다고 말합니다. 아마 시인은 50대 무렵 평산에 주소를 두고 살아온 것을, 50번 버스를 통해 말하고 있을지도 모르겠습니다.

그래서 길가 가로등은 슬픈 "조등"처럼 파리하게 걸려 있고, "인적 드문" 50번 버스 종점의 밤은 "푸르게 응결"됩니다. 저는 여기서 시인이 "응결"이란 말을 사용한 것에 주목합니다. 응결은 응고와 유사하지만 다릅니다. 응고는 액체 따위가 엉겨서 딱딱하게 굳어지는 상태를 말합니다. 응결은 기체에서 액체로 변하는 상전이를 뜻합니다. 상전이란 물질이 온도, 압력, 외부 자기장 등의 조건에 따라 다른 상태로 변하는 현상입니다. 수증기가 물방울로 맺히는 현상도 응결에 포함됩니다.

  시인이 보는 응결은 밤이란 기체가 액체나 고체로 변하고 있다고 말하고 있는 것입니다. 그것은 시인이 가진 마음에 따라 변하는 현상입니다. 그건 또 자신이 뿌리내리고 사는 마을에 대한 애정일 수 있습니다. 지역에 대한 연민이 슬픔이란 외부 조건으로 오로지 자신의 세계관을 만드는 과정입니다. 저 또한 오래 시를 써온 입장이지만 이렇게 빨리 자신의 문체와 시작으로 세계관을 확보하는 시인의 세공에 정성이 들어간 시편들을 읽으며 깜짝깜짝 놀랍니다.

  현실에 대한 견고한 인식이 오래 훈련된 기자적인 시선에서 만들어졌다고 할 수 있겠지만, 시인의 상상력을 만나면 더욱 깜짝 놀랄 수밖에 없습니다. 또 한 편을 같이 읽어보겠습니다.

    날아갈 거야
    버터플라이 선글라스를 끼고

    늘씬한 허리에
    굽 높은 샌들을 신고
    출렁이는 가슴으로 달려가겠어
    내 그림자가 나를 따라 뛰어오고 있어

백마 탈 거야

하얀 물갈퀴가 공기 속에서 춤추며

벌거벗은 군중 사이로 진군하겠어

한낮의 함성

구릿빛 불덩이

푸른 혓바닥

달빛 그림자가 막 흔들려

전리품처럼 뜨거웠던

사랑은

쓸쓸한 모래톱 노래로 남아

한 움큼 별이라도 쏟아지면 좋겠어

- 「당신의 7월은 어디로 쏟아지고 있는지」 전문

  시인이 상상력을 만나면 뭉게구름처럼 피어오르는 자신의 노래를 멈출 수가 없는 모양입니다. 「당신의 7월은 어디로 쏟아지고 있는지」란 제목부터 상상 없이 가닿을 수 없는, 수평선 밖의 세상으로 초대합니다. 시인은 노래합니다. "날아갈 거야/버터플라이 선글라스를 끼고" 현실 밖의 시인은 날아갈 수 있는 존재입니다. 그것도 버터플라이 선글라스를 쓰고서.

시인은 성性도 초월한 것 같습니다. "늘씬한 허리에"에 "굽 높은 샌들을 신고" 있고, 가슴도 출렁이면서 달려가겠다고 합니다. 이 얼마나 유니크하며 즐거운 일입니까. 어느새 시인은 이렇듯 자유로운 공간을 가졌는지 부러울 정도입니다. 바닷속을 헤엄치듯, 우주를 유영하듯 시인은 자유로운 존재입니다. "한낮의 함성/구릿빛 불덩이/푸른 헛바닥"은 아마 시인의 이 세계로 진입하기 전에 겪은 고통의 상징일 것입니다.

그리고 시인은 또 툭!, 던집니다. "전리품처럼 뜨거웠던/사랑은 쓸쓸한 모래톱 노래로 남아//한 움큼 별이라도 쏟아지면 좋겠어"라고서. 그렇습니다. 시인을 이런 상상력의 세계로 이끈 지도는 "사랑"이었다는 말입니다. 그 사랑에 시인은 감사하며 "모래톱의 노래"로 남길 바랍니다. 또한 "한 움큼의 별"이 쏟아지길 축복합니다. 이 사랑은 아마 시에 대한 사랑일 것입니다. 새로운 세상으로 이끈 시에 대한 사랑이 이 시를 만들었을 것입니다.

그의 상상력은 이 시집 곳곳에 숨어 독자들을 유혹합니다. 가령 「어린 왕자와 크리스마스를」을 보면 "나는 바르한을 뚫고 사막을 건너는 몽상가/밤이면 초승달 언덕에 트럭을 세우고/흰 곰과 사자와 전갈과 바다뱀을 사냥한다/키옵스의 조준은 정확하다"는, 이른바 MZ세대도 열광할 유혹이 아닐 수 없습니다. 그리고 시인은 스스로 고백합니다. 바르한, 초승달 모양의 모래언덕을 뚫고 달리는 "몽상가"라고. 그러니 누구든 시인의 시의 깊이에 빠지면 인정할 수밖에 없습니다.

전:

김백 시인은 오로지 시에 대한 열정으로, 만학도 신분으로 대학에서 4년간 시 창작을 공부했습니다. 그래서 그의 시는 문학적으로 아주 젊습니다. 젊은 호흡법으로 만들어 내는 그의 시는 MZ세대를 무색하게 할 만큼 싱싱합니다. 그의 시가 '지금 그리고 여기'의 시제와 일치하는 까닭이 그의 호흡에 있습니다. 현실에 안주했다면, 누리지 못할 창작의 즐거움에는 그의 부단한 노력이 있었다는 것을 시사합니다.

그래서 저는 문득 AI가 생각났습니다. AI는 시인의 시를 어떻게 읽어낼 것인가, 궁금해졌습니다. AI에게 이 시집 원고를 모두 읽게 하고, AI의 생각을 물어보았습니다. AI는 '비워짐의 시학과 존재의 무늬'로 시인의 시편들을 아래와 같이 풀이했습니다.

김백의 시는 언어의 소음 속에서 고요를, 충만의 시대에서 비움을 사유하고 있다. 시인은 오랜 현장 취재의 세월과 삶의 구체적 질감을 통과하며, 인간과 세계의 근원적 결핍을 '비움'이라는 형상으로 길어 올린다. 그의 시는 화려하거나 장식적이지 않다. 오히려 절제된 문장, 응축된 이미지, 느린 호흡으로 이루어진 명상적 시선이 특징이다. 그는 존재를 말하기보다, 존재가 비워지는 순간에 남는 여백의 언어를 기록한다.

『비워진 것들의 무늬』라는 제목이 상징하듯, 이 시집은 상실과 공허의 기록이 아니라, 사라진 자리에서 피어난 존재의 문양을 응시한다. 비워짐이야말로 존재의 진실을 드러내는 통로라는 시인의 철학은, 이 시집 전체를 관통하는 근본 사유의 축이다. 이러한 인식은 불교적 사유와 존재론적 명상의 결합으로 구체화 되며, 현실과 초월의 경계를 넘나드는 서정의 형식을 완성한다.

김백의 시는 흔히 '명상시'로 분류되지만, 그 기저에는 매우 구체적이고 현실적인 감각이 흐른다. 그의 언어는 몸과 땅, 도시와 노동의 냄새를 품고 있다. 「전별」, 「원동역」, 「자갈치 뱃머리」, 「금강제화」 등은 구체적 장소성을 기반으로 한 리얼리즘의 결을 드러낸다.

"비에 젖은 역사의 불빛이 그날처럼 창백하다/아무도 돌아오지 않은 자리에서 바람이 운다" (「전별」 부분) 같은 구절에서 우리는 시인의 시선이 단순한 향수나 회고에 머물지 않음을 확인한다. "역사의 불빛"은 개인의 기억이 아니라 집단적 상처의 은유이며, 시인은 그 빛의 잔여 속에서 인간의 존재를 성찰한다.

김백의 시적 주체는 "사라진 것들의 목소리"를 대신 발화하는 자, 즉 침묵의 증언자다. 그는 도시의 한 풍경에서도 초월적 사유의 단서를 찾아낸다. 「자반고등어」에서 "소금에 절인 생"은 생존의 은유이자, 존재의 고단한 숙명을 나타낸다. '소금이 살을 스며들듯/고단한 생이 몸을 절여왔다.' 이 짧은 문장은 일상의 언어 속에 존재론적 인식을 압축한다. 그의 시에는 감정의 과잉이 없으며, 대신 절제된 어휘 속에서 체온과 윤리의 온기가 전해진다.'

시집의 후반부로 갈수록 시적 사유는 점점 더 내면의 심연으로 향한다. 「묵연」, 「자장암」, 「반가사유」, 「잠蠶」 등은 불교적 상상력에 기초하여, 존재의 공空을 탐문한다. "모든 것은 다 지나고 나면 공空일 뿐/날개를 얻었으나 날지 않는 저 무심한 좌화坐化"(「묵연」 부분) 이 구절은 불교적 해탈의 장면이자, 동시에 시적 생성의 비유다. "좌화"는 육체의 소멸을 뜻하지만, 그 고요 속에서 새로운 언어가 피어난다.

김백은 생멸의 변화를 "비움"의 리듬으로 포착하며, 언어와 존재가 함께 순환하는 세계를 상정한다. 「잠`蠶`」에서 "누에"의 이미지는 특히 중요하다. 누에는 자기 몸에서 실을 뽑아 고치를 짓고, 그 안에서 죽음을 맞이한다. 그 고치는 죽음의 상징이지만, 동시에 새로운 생의 준비이기도 하다. 이 과정은 곧 시인이 언어를 직조하는 방식과도 닮아 있다.

시인은 자신의 내면에서 실을 뽑듯 언어를 짜며, 그 언어 속에서 스스로를 소멸시킨다. 따라서 김백의 시에서 "비움"은 파괴가 아니라 생성의 방식이며, 시적 행위 자체가 하나의 수행이다.'

『비워진 것들의 무늬』는 현실과 초월, 서정과 사유, 언어와 침묵이 한데 어우러진 시집이다.

김백의 시는 화려한 감정의 폭발 대신, 고요한 내면의 진동으로 존재의 본질을 탐구한다. 그의 언어는 외침보다 침묵에 가깝지만, 그 침묵은 허무가 아니라 존재의 가장 깊은 울림이다.

오늘의 한국시가 자주 언어의 실험과 감각의 파편화로 기울 때, 김백의 시는 그 반대편에서 언어의 근원성과 윤리적 책임을 되묻는다. 그의 시는 "비워진 자리"에서 다시 피어나는 생의 노래이며, '소멸 이후의 아름다움'을 발견하는 시적 명상이다.

『비워진 것들의 무늬』는 그 자체로 하나의 수행록이며, 우리 시대가 잃어버린 경건한 사유의 형식, 그리고 언어가 존재의 진실을 회복할 수 있다는 믿음의 증거이다.'

일부 발췌했지만, AI의 해석에 저는 동의합니다. "불교적 사유와 존재론적 명상의 결합으로 구체화 되며, 현실과 초월의 경계를 넘나드는 서정의 형식을 완성한다." "그의 시에는 감정의 과잉이 없으며, 대신 절제된 어휘 속에서 체온과 윤리의 온기가 전해진다." "김백의 시에서 '비움'은 파괴가 아니라 생성의 방식이며, 시적 행위 자체가 하나의 수행이다." "그 자체로 하나의 수행록이며, 우리 시대가 잃어버린 경건한 사유의 형식, 그리고 언어가 존재의 진실을 회복할 수 있다는 믿음의 증거이다."라는 AI의 생각을 인정할 수밖에 없는, 시인이 가진 현실을 보는 시계가 있기 때문입니다.

결:
이 시집의 중심에는 3부 「섬진강 기수역에서」 연작이 있습니다. 연작시를 잘 쓰지 않는 시인인데, 무려 5편의 연작을 담은 것을 보면 그의 애정이 많이 담겼다는 뜻일 것입니다. 기수역汽水域은 기차역이 아닙니다. '강어귀와 같이 민물과 바닷물이 서로 섞이는 구역'을 말합니다. 강과 바다

에 기수역이 있는데 시인은 하동 섬진강의 기수역을 말하고 있습니다.

시인의 고향이 하동인 것으로 저는 알고 있습니다. 그러기에 이 연작은 시인의 전체 시 세계를 관통하는 핵심적 장場으로, '기수역汽水域'이라는 공간을 인간 존재의 구조적 비유로 기능하게 만듭니다. 기수역은 민물과 바닷물이 만나는 변이의 지대이며, 서로 다른 성질의 물이 뒤섞이면서도 스스로의 경계를 유지하는 곳입니다.

시인은 이 기수역을 통해 '경계적 존재로서의 인간', '공존의 불가능성과 가능성' '존재의 유동성'을 탐색하고 있습니다.

> 강은 바다가 되고 바다는 강이 되려 한다//밀물과 썰물이 몸을 섞는/이 변이 지대에선/공존이란 이름으로 이데올로기의 각 세우지 마라
>
> - 「섬진강 기수역에서 1」 부분

> 팔월의 강가엔/갈대가 붉은 꽃을 무더기무더기 피웠다/나는 강물이/어디서 와서 어디로 가는지도 모른 채 갈대처럼 자랐다/기수역에 물이 들면/내 첫사랑도 새 발자국처럼 지워져 갔다
>
> - 「섬진강 기수역에서 2」 부분

> 소년은 늘 혼자였다/파브르의 '곤충기'를 읽거나/뭉게구
> 름의 행방을 쫓곤 했다//개개비 소리가 갈잎을 스치며 지나
> 간다/미루나무에 걸린 매미 울음도 그쳤다/썰물이 기억의
> 파편들을 쓸고 간다/강 건너 저물녘이 배를 타고 건너온다
> - 「섬진강 기수역에서 3」 부분

여기서 '기수역'은 시인을 만든 정체성의 기호이며, 동시에 구속의 장치입니다. 시인은 이름을 벗어버린 존재, 즉 경계에 선 자로서 스스로의 본질을 확인하고 있습니다. 민물과 바다가 서로의 염도를 나누듯, 인간 역시 타자와의 관계 속에서 자신을 갱신합니다. 이러한 사유는 단순한 자연 서정을 넘어, '존재의 관계론적 인식'으로 확장됩니다.

이 연작 속 섬진강은 자연의 강이 아니라 '기억의 강'입니다. 그 강에는 사라진 생명들, 잊힌 노동들, 시간의 퇴적층이 흘러갑니다. 김백의 섬진강은 서정과 역사, 생태와 영혼이 만나는 복합적 상징 공간입니다. 시인은 그 강가에서 존재의 유한성을 깨닫고, 동시에 순환의 영속성을 직감합니다. 이는 '모든 것은 지나가지만, 흐름은 사라지지 않는다'는 시인의 세계관으로 귀결됩니다.

> 아버지, 이제야 알겠습니다/세상 사는 일이 다 들고 나
> 는 때가 있다는 것을//초승달이 몸을 휘며 시위를 당겼다

놓을 때/샛강엔 배가 뜨고/사람들은 돌아온다는 것을

- 「섬진강 기수역에서 4」 부분

  시인은 가슴에 맺힌 이야기를 아버지에게 토해 놓습니다. 아버지는 "지리산 급류처럼 머리 풀고 떠내려간/이름 없는 이름"이며, "겨울의 눈이 쌓이고 노을이 질 때면/서녘 해를 따라가던 철새들아/너희 이름도 이리도 가슴 저미는 이름이더냐"를 묻던 이름입니다. "이데올로기의 각" 같은 이름입니다. 이 속에 시인의 상처가 있고 그 상처가 시의 꽃을 피웠을 것이라 저는 생각만 할 뿐입니다. 그리고 시인은 노래합니다.

  "돌아오지 않는 밤배/돌아오지 않는 사람들/어느 뭍에서/한 무리 슬픈 수족으로 살아가고 있는가//이름 없는 이름들이 살을 섞다 세상 밖으로 밀려간 섬진강 기수역"처럼 그도 수족水族임을 고백합니다. 그의 시와 시 사이에는 많은 무늬가 반짝입니다. 고요하고 아름답지만 그 내면에는 불처럼 뜨거움이 있습니다. 저는 김백 시인의 시론을 '뜨거움 속의 고요한 무늬'라고 이야기하고 싶습니다.

  언제 선배를 따라, 그 유년의 기수역에 서서 타는 저녁놀을 보고 싶습니다. 바야흐로 시의 꽃이 활짝 핀, 웅숭깊어진 두 번째 시집 발간을 진심으로 축하드립니다.

상상인 시인선 *095*

비워진
것들의
무늬

지은이 김 백

초판인쇄 2025년 12월 2일 **초판발행** 2025년 12월 8일

펴낸곳 도서출판 상상인 **편집주간** 황정산 **펴낸이** 진혜진

표지디자인 최혜원 **기획·마케팅** 전은빈 최유림 노혜림 정현수

책임교정 오 늘 **편집** 세종PNP

등록번호 제572-96-00959호 **등록일자** 2019년 6월 25일

주소 06621 서울시 서초구 서초대로74길 29, 904호

전화번호 02-747-1367, 010-7371-1871

팩스 02-747-1877 **전자우편** ssaangin@hanmail.net

ISBN 979-11-7490-032-6 (03810)

값 12,000원

* 이 책은 2025년 양산시 문화진흥기금을 지원받았습니다.
* 이 책은 전부 또는 일부 내용을 재사용하려면 반드시 저작권자와 도서출판 상상인의 동의를 받아야 합니다.
* 이 도서의 국립중앙도서관 출판시도서목록(CIP)은 서지정보유통지원시스템 홈페이지(http://seoji.nl.go.kr)와 국가자료공동목록시스템(http://www.nl.go.kr/kolisnet)에서 이용하실 수 있습니다.